Impressum
Verlag: BABADADA GmbH, Nedderfeld 112 , 22529 Hamburg
Geschäftsführer / Verlagsleitung: Harald Hof
Druck: Books on Demand GmbH, In de Tarpen 42, 22848 Norderstedt

Imprint
Publisher: BABADADA GmbH, Nedderfeld 112 , 22529 Hamburg, Germany
Managing Director / Publishing direction: Harald Hof
Print: Books on Demand GmbH, In de Tarpen 42, 22848 Norderstedt, Germany

школа

мактаб

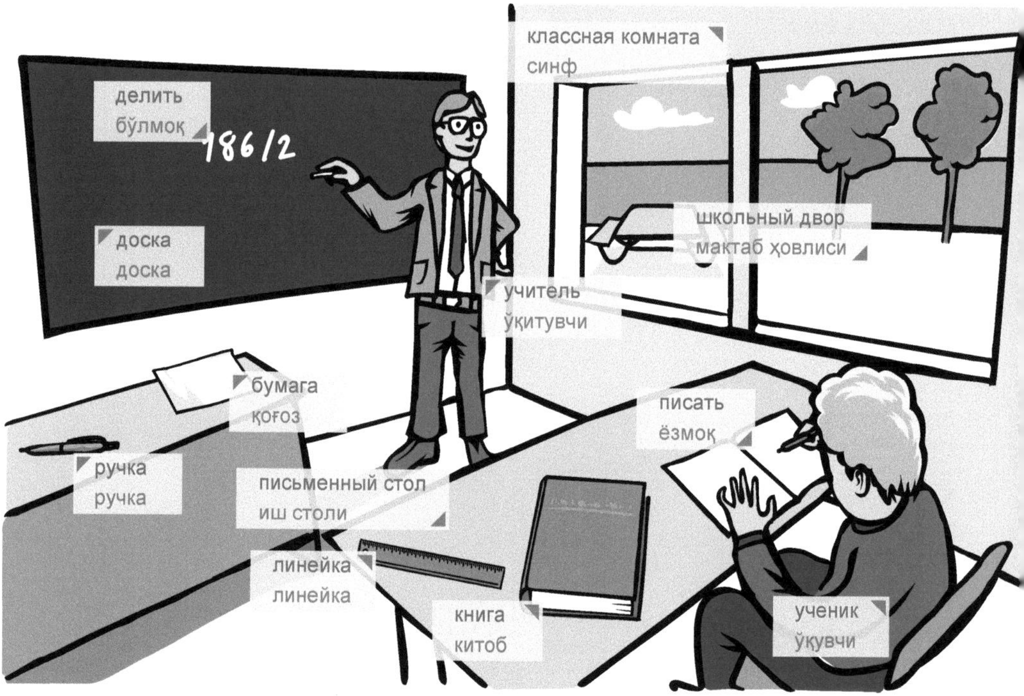

классная комната
синф
делить
бўлмоқ
186/2
доска
доска
школьный двор
мактаб ҳовлиси
учитель
ўқитувчи
бумага
қоғоз
писать
ёзмоқ
ручка
ручка
письменный стол
иш столи
линейка
линейка
книга
китоб
ученик
ўқувчи

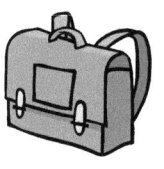

ранец

осма сумка

пенал

қаламдон

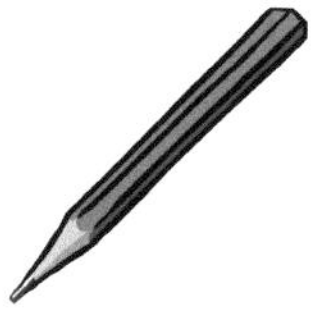

карандаш

қалам

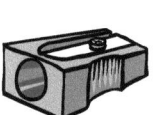

точилка

қалам учлагич

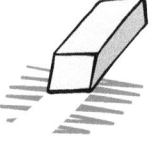

ластик

ўчиргич

альбом для рисования

расм албоми

рисунок

чизмачилик

кисточка

бўёқ чўтка

коробка красок

бўёқдон

ножницы

қайчи

клей

елим

тетрадь

машғулот дафтари

домашняя работа

уй иши

12

цифра

рақам

2+2

прибавлять

қўшмоқ

5-2

вычитать

айирмоқ

2×2

умножать

кўпайтирмоқ

считать

ҳисобламоқ

A

буква

хат

ABCDEFG
HIJKLMN
OPQRSTU
VWXYZ

алфавит

алифбо

hello

слово

сўз

текст

матн

читать

ўқимоқ

мел

бўр

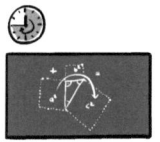

урок

дарс

классный журнал

журнал

экзамен

имтиҳон

диплом

гувоҳнома

школьная форма

мактаб формаси

образование

таълим

энциклопедия

қомус

университет

олийгоҳ

микроскоп

микроскоп

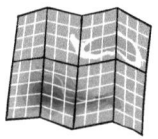

карта

харита

корзина для бумаг

урна

путешествие

саёҳат

гостиница
меҳмонхона
Grand
турбаза
сайёҳлар ётоқхонаси
пункт обмена валюты
пул айирбошлаш шаҳобчаси
чемодан
чемодан
автомобиль
машина

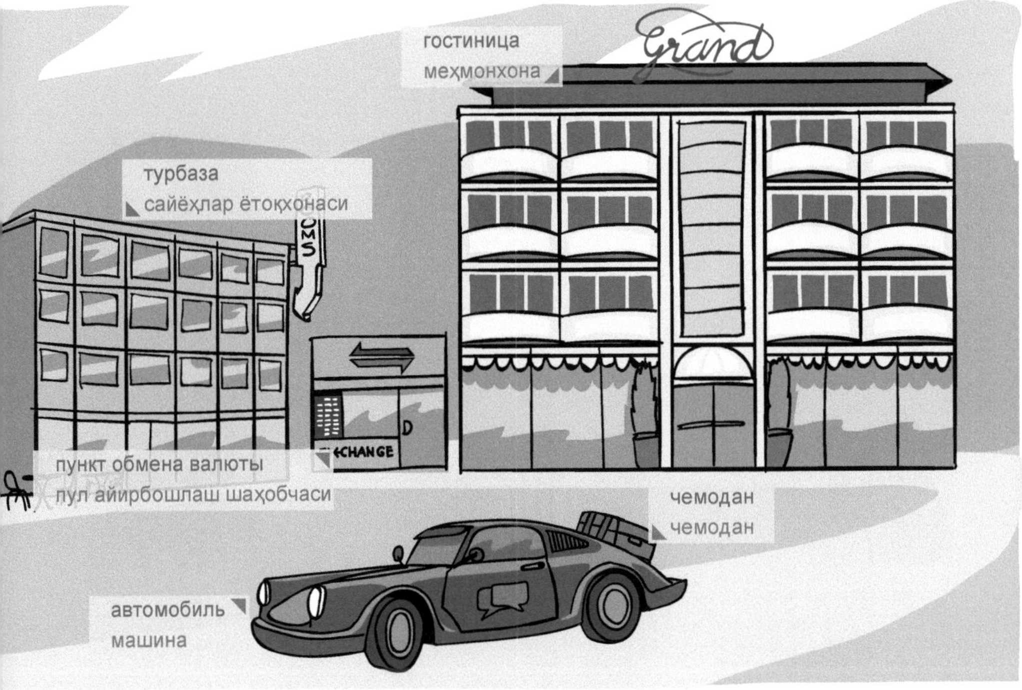

язык
тил

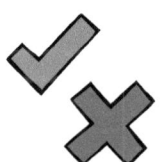

да / нет
ҳа / йўқ

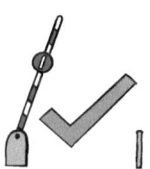

хорошо
Хўп

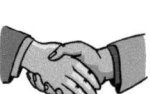

Привет
салом

переводчик
таржимон

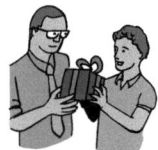

Спасибо
Раҳмат

Сколько стоит…?

неча пул…?

Я не понимаю

Тушунмадим

проблема

муаммо

Добрый вечер!

Хайрли кеч!

Доброе утро!

Хайрли тонг!

Доброй ночи!

Хайрли тун!

До свидания

кўришгунча

направление

йўналиш

багаж

йўловчи юки

сумка

сафархалта

рюкзак

юк халта

гость

меҳмон

комната

хона

спальный мешок

уйқуқоп

палатка

чодир

туристическая
информация
саёхларга маълумот
бериш столи

пляж
....
пляж

кредитная карточка
омонат карта

завтрак
....
нонушта

обед
....
нонушта

ужин
....
кечки овқат

билет
....
чипта

лифт
....
лифт

почтовая марка
....
марка

граница
....
чегара

таможня
....
божхона

посольство
....
элчихона

виза
....
виза

паспорт
....
паспорт

транспорт

транспорт

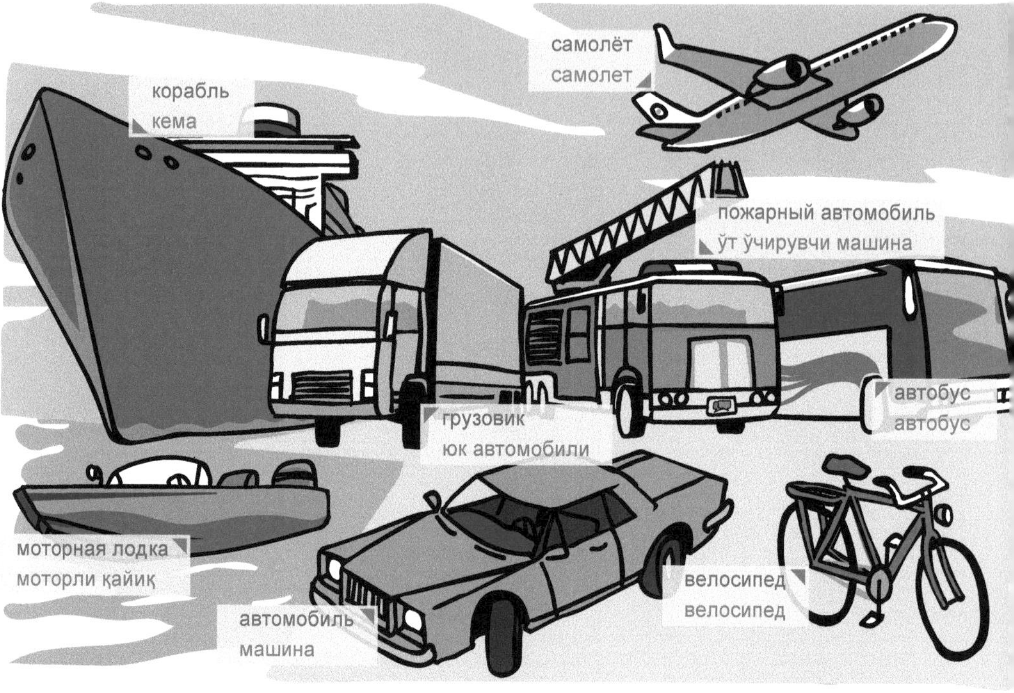
самолёт
самолет
корабль
кема
пожарный автомобиль
ўт ўчирувчи машина
грузовик
юк автомобили
автобус
автобус
моторная лодка
моторли қайиқ
велосипед
велосипед
автомобиль
машина

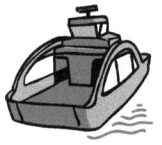

паром

солсимон ясси кема

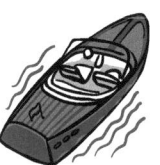

лодка

қайиқ

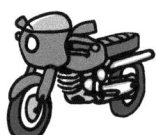

мотоцикл

мотоцикл

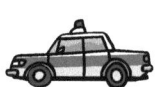

полицейский автомобиль

посбон машинаси

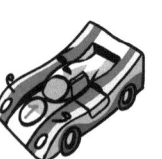

гоночный автомобиль

пойга машинаси

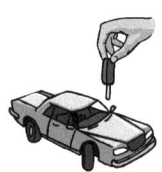

арендованный автомобиль

ижарага олинган автоулов

овместное пользование
автомобилями

автоижара

буксировочный
автомобиль
шатакка олувчи юк
автомобили

мусоровоз

ахлат машинаси

двигатель

мотор

топливо

ёқилғи

заправка

ёқилғи қуйиш шаҳобчаси

дорожный знак

йўл белгиси

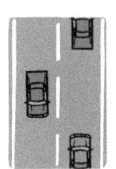

движение

йўл ҳаракати

пробка

тирбанд

автостоянка

автомобил тўхтаб туриш
жойи

вокзал

поезд бекати

рельсы

рельс

поезд

поезд

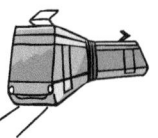

трамвай

трамвай

вагон

вагон

вертолёт

вертолёт

аэропорт

аэропорт

вышка

минора

пассажир

йўловчи

контейнер

контейнер

коробка

қоғоз қути

тележка

аравача

корзина

сават

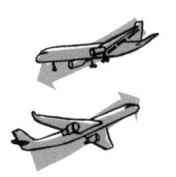

взлетать / приземляться

учмоқ / қўнмоқ

город

шаҳар

деревня

қишлоқ

центр города

шаҳар маркази

дом

уй

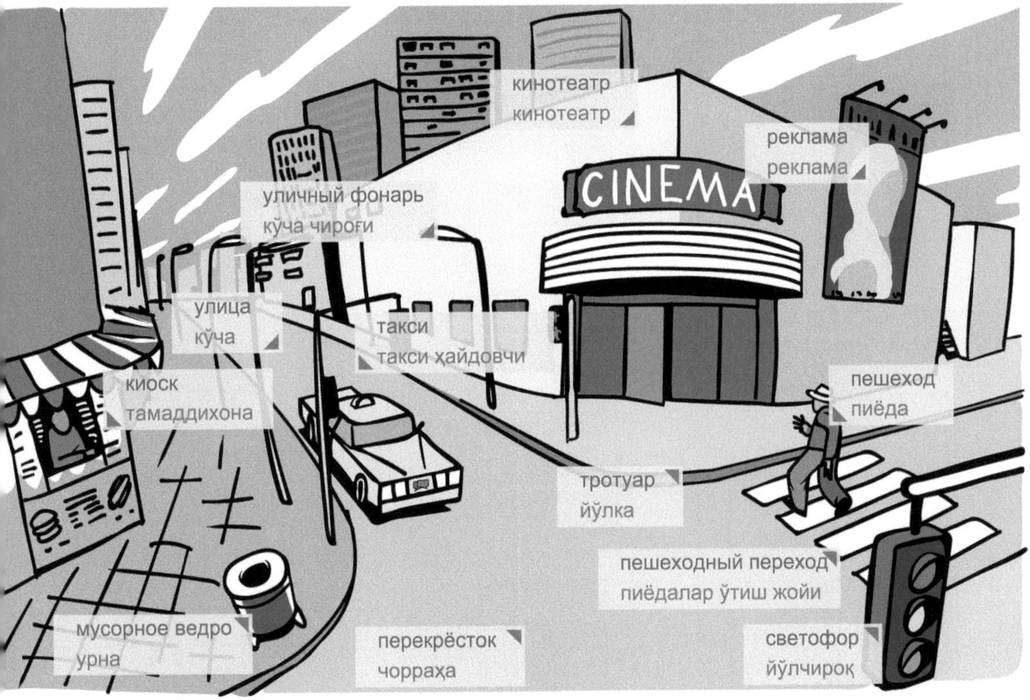

кинотеатр
кинотеатр

реклама
реклама

уличный фонарь
кўча чироғи

CINEMA

улица
кўча

такси
такси ҳайдовчи

пешеход
пиёда

киоск
тамаддихона

тротуар
йўлка

пешеходный переход
пиёдалар ўтиш жойи

мусорное ведро
урна

перекрёсток
чорраҳа

светофор
йўлчироқ

хижина

кулба

квартира

квартира

вокзал

поезд бекати

ратуша

маҳаллий ҳокимият
биноси

музей

музей

школа

мактаб

город - шаҳар

университет

олийгоҳ

банк

банк

больница

шифохона

гостиница

меҳмонхона

аптека

дорихона

офис

идора

книжный магазин

китоб дӯкони

магазин

дӯкон

цветочный магазин

гул дӯкони

супермаркет

супермаркет

рынок

бозор

универмаг

универмаг

торговец рыбой

балиқ дӯкони

торговый центр

савдо маркази

порт

бандаргоҳ

парк

истироҳат боғи

скамейка

банк

мост

кўприк

лестница

зинапоя

метро

метро

тоннель

ер ости йўли

автобусная остановка

автобус бекати

бар

бар

ресторан

ресторан

почтовый ящик

почта қутиси

табличка с названием улицы

кўча ёзув осма тахтаси

паркометр

тўхтаб туриш вақтини ҳисоблагич

зоопарк

ҳайвонот боғи

бассейн

бассейн

мечеть

масжид

ферма
....
чорвачилик хўжалиги

загрязнение окружающей
среды
....
атроф-муҳит
ифлосланиши

кладбище
....
қабристон

церковь
....
ибодатхона

детская площадка
....
болалар ўйингоҳи

храм
....
эҳром

ландшафт

манзара

лист
япроқ

дорожный указатель
йўлкўрсатгич

дорога
йўл

луг
ўтлоқ

камень
тош

дерево
дарахт

путешественник
пиёда сайёҳ

река
дарё

трава
майса

цветок
гул

долина

водий

гора

қир

озеро

кўл

лес

ўрмон

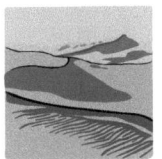

пустыня

чўл

вулкан

вулкан

замок

қалъа

радуга

камалак

гриб

қўзиқорин

пальма

пальма дарахти

комар

пашша

муха

чивин

муравей

чумоли

пчела

асалари

паук

ўргимчак

жук

кўнғиз

лягушка

қурбақа

белка

олмахон

еж

типратикон

заяц

қуён

сова

укки

птица

қуш

лебедь

оққуш

кабан

эркак чўчқа

олень

буғу

лось

бутоқ шоҳли кийик

плотина

тўғон

ветряной генератор

шамол генератори

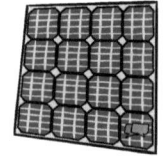

солнечная батарея

қуёш батареяси

климат

иқлим

ресторан
ресторан

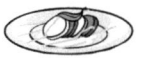

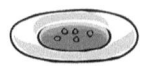

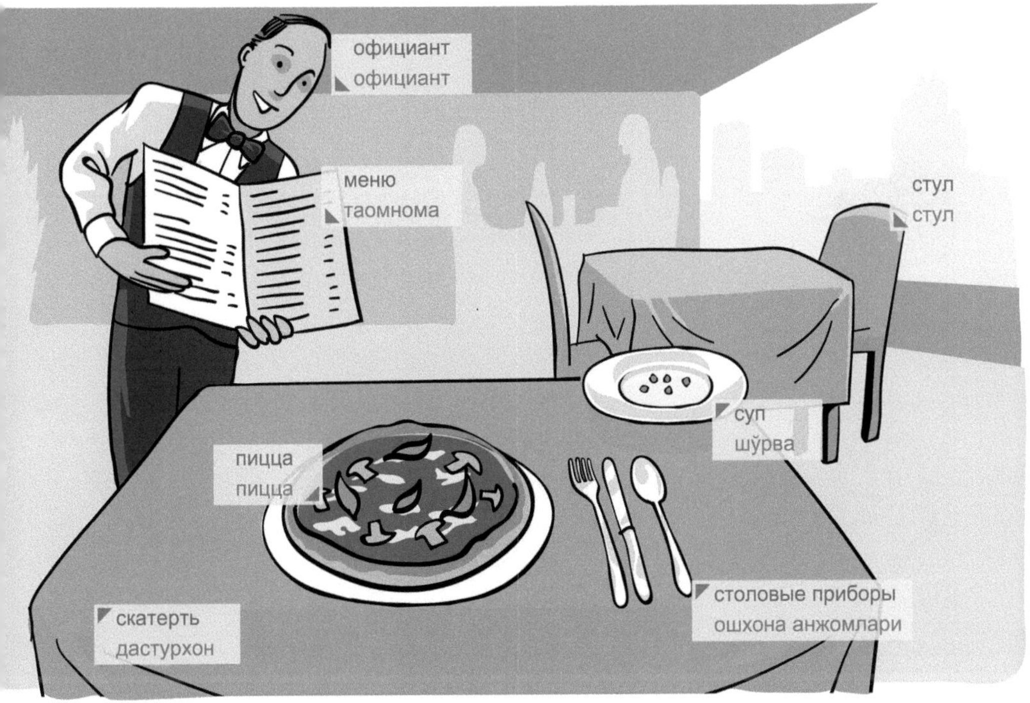

официант
официант
меню
таомнома
стул
стул
суп
шўрва
пицца
пицца
столовые приборы
ошхона анжомлари
скатерть
дастурхон

закуска

газак

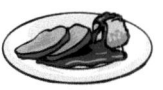

главное блюдо

асосий таом

десерт

десерт

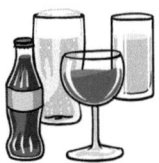

напитки

ичимликлар

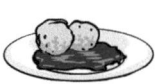

еда

таом

бутылка

бутилка

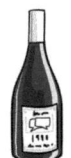

фастфуд

тез пишар таом

уличная еда

кўча таоми

чайник

чойнак

сахарница

шакардон

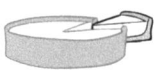

порция

порция

кофеварка

эспрессо кофе машинаси

детский стульчик

болалар курсичаси

счет

ҳисоб

поднос

лаган

нож

пичоқ

вилка

санчқи

ложка

қошиқ

чайная ложка

чой қошиқ

салфетка

кўл сочиқ

стакан

стакан

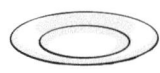

тарелка

ликоп

суповая тарелка

шўрва коса

блюдце

тақсимча

соус

қайла

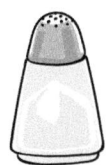

солонка

туздон

мельница для перца

қалампир янчгич

уксус

сирка

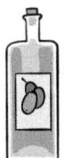

масло

ёғ

специи

зираворлар

кетчуп

кетчуп

горчица

хантал

майонез

майонез

супермаркет

супермаркет

специальное предложение
чегирма
FOR
покупатель
мижоз
молочные продукты
сут маҳсулотлари
фрукты
мева
тележка для покупок
харид араваси

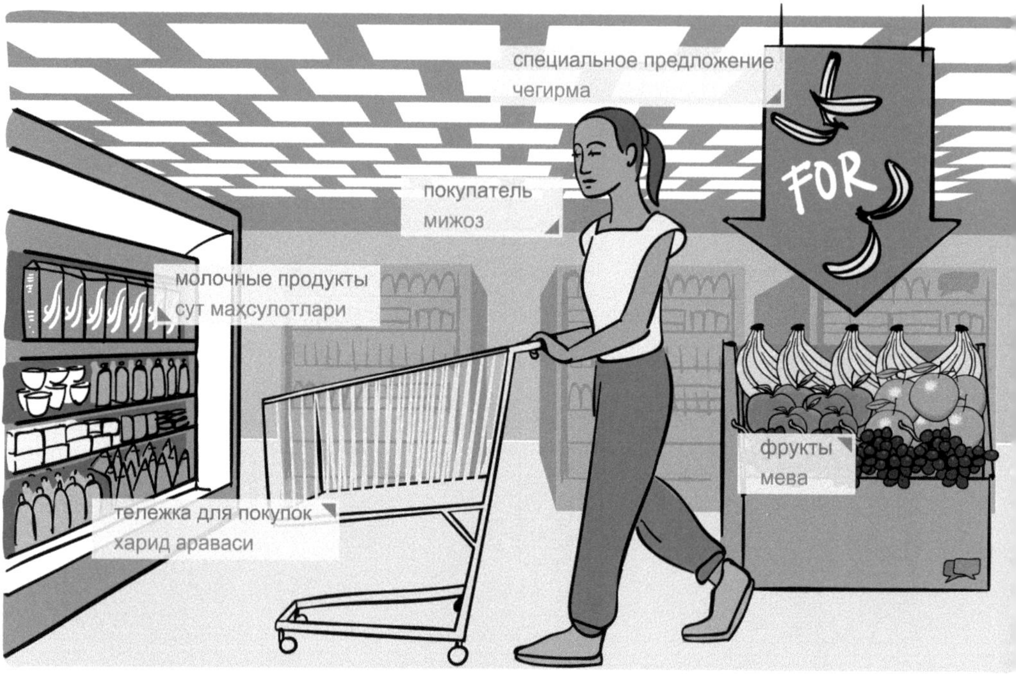

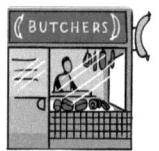

мясной магазин
қассобхона

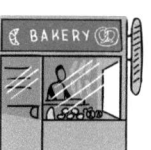

пекарня
нонвойхона

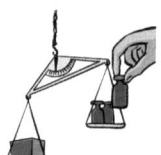

взвешивать
тарозида ўлчамоқ

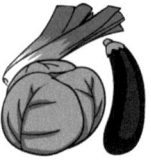

овощи
сабзавот

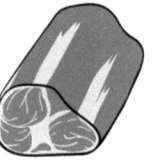

мясо
гўшт

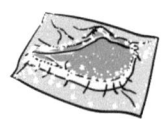

быстрозамороженные продукты
музлатилган таомлар

нарезка

яхна гўшт

консервы

консерва

стиральный порошок

кир ювиш воситаси

сладости

ширинликлар

предмет домашнего обихода

кундалик истеъмол моллар

моющее средство

ювиш воситалари

продавщица

сотувчи

касса

касса аппарати

кассир

ғазначи

список покупок

харид рўйхати

время работы

иш вақти

бумажник

ҳамён

кредитная карточка

омонат карта

сумка

халта

полиэтиленовый пакет

целлофан халта

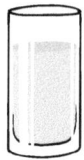

вода

сув

сок

шарбат

молоко

сут

кока-кола

кока-кола

вино

вино

пиво

пиво

алкоголь

спиртли ичимлик

какао

какао

чай

чой

кофе

кофе

эспрессо

эспрессо

капучино

капучино

банан

банан

яблоко

олмахон

апельсин

апельсин

арбуз

қовун

лимон

лимон

морковь

сабзи

чеснок

саримсоқ

бамбук

бамбук

лук

пиёз

гриб

қўзиқорин

орехи

ёнғоқ

лапша

лағмон

спагетти

спагетти

рис

гуруч

салат

салат

картофель фри

картошка-фри

жареный картофель

қовурилган картошка

пицца

пицца

гамбургер

гамбургер

сэндвич

сэндвич

шницель

тўқмоқланган тўш қиймаси

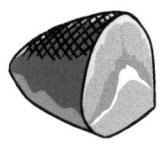

ветчина

дудланган чўчқа гўшти

салями

салями колбасаси

колбаса

сосиска

курица

товуқ гўшти

жаркое

қовурилган

рыба

балиқ

овсяные хлопья

сули бӯтқаси

мюсли

мюсли

кукурузные хлопья

маккажӯхори ёрмаси

мука

ун

круассан

француз булочкаси

булочка

булочка

хлеб

нон

тост

қизартирилган нон бӯлаги

печенье

пиширик

масло

сариёғ

творог

творог

пирог

пирог

яйцо

тухум

яичница

қовурилган тухум

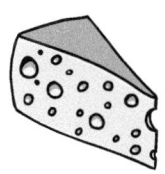

сыр

пишлоқ

мороженое

музқаймоқ

сахар

шакар

мёд

асал

мармелад

мураббо

крем с нугой

шоколад пастаси

карри

зарчава

еда - таом

ферма
чорвачилик хўжалиги

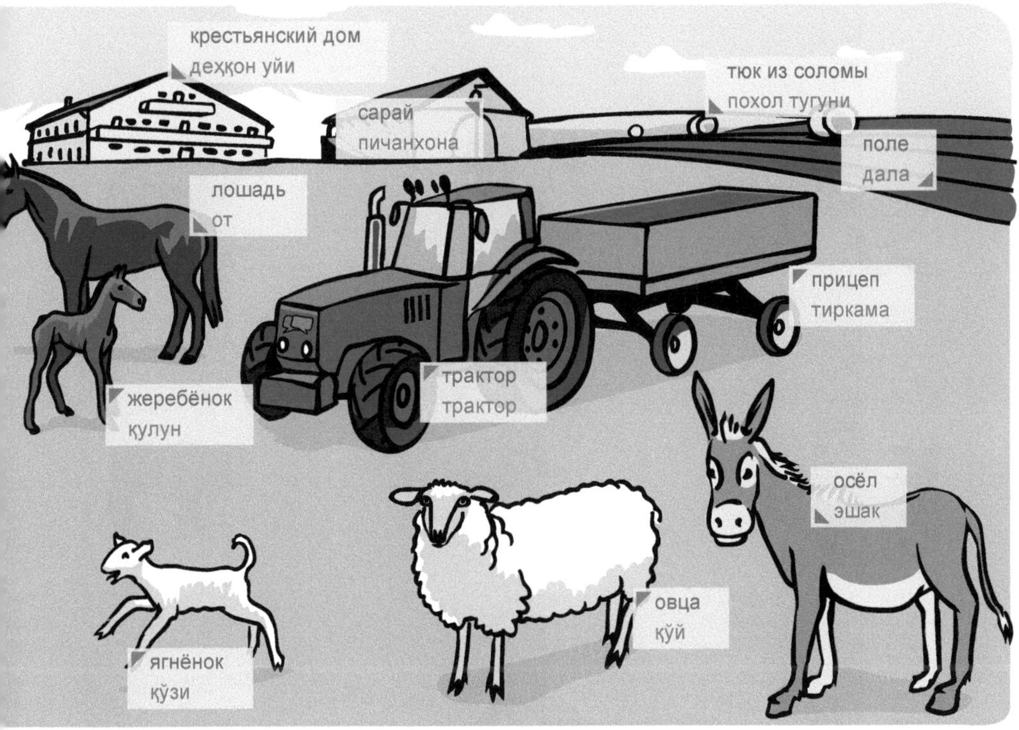
крестьянский дом
деҳқон уйи
тюк из соломы
похол тугуни
сарай
пичанхона
поле
дала
лошадь
от
прицеп
тиркама
трактор
трактор
жеребёнок
қулун
осёл
эшак
овца
қўй
ягнёнок
қўзи

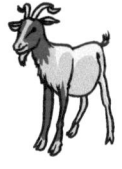

коза
эчки

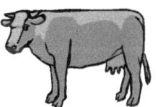

корова
сигир

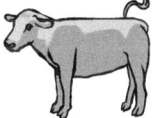

телёнок
бузоқ

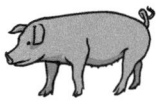

свинья
чўчқа

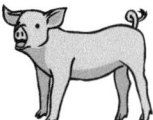

поросёнок
чўчқа боласи

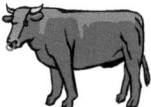

бык
буқа

гусь

ғоз

утка

ўрдак

цыплёнок

жўжа

курица

товуқ

петух

хўроз

крыса

каламуш

кошка

мушук

мышь

сичқон

вол

ҳўкиз

собака

ит

конура

каталак

садовый шланг

ҳовли боғ шланги

лейка

гулчелак

коса

белўроқ

плуг

темир омоч

серп

қўлўроқ

мотыга

чопқи

навозные вилы

паншаха

топор

болта

тачка

ғалтакарава

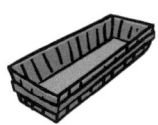

корыто

охур

бидон для молока

сут бидони

мешок

тўрва

забор

панжара

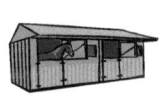

хлев

оғилхона

теплица

иссиқхона

почва

тупроқ

посев

уруғ

удобрение

ўғит

комбайн

комбайн

собирать урожай

ҳосил олмоқ

урожай

йиғим-терим

ямс

ямс

пшеница

буғдой

соя

соя

картофель

картошка

кукуруза

маккажўхори

рапс

рапс уруғи

фруктовое дерево

мевали дарахт

маниок

маниок

злаки

ёрма

дымоход
мӯри

крыша
том

водосточный желоб
тарнов

окно
дераза

гараж
гараж

звонок
эшик қӯнғироғи

дверь
эшик

мусорное ведро
урна

почтовый ящик
хатлар учун кути

сад
боғ

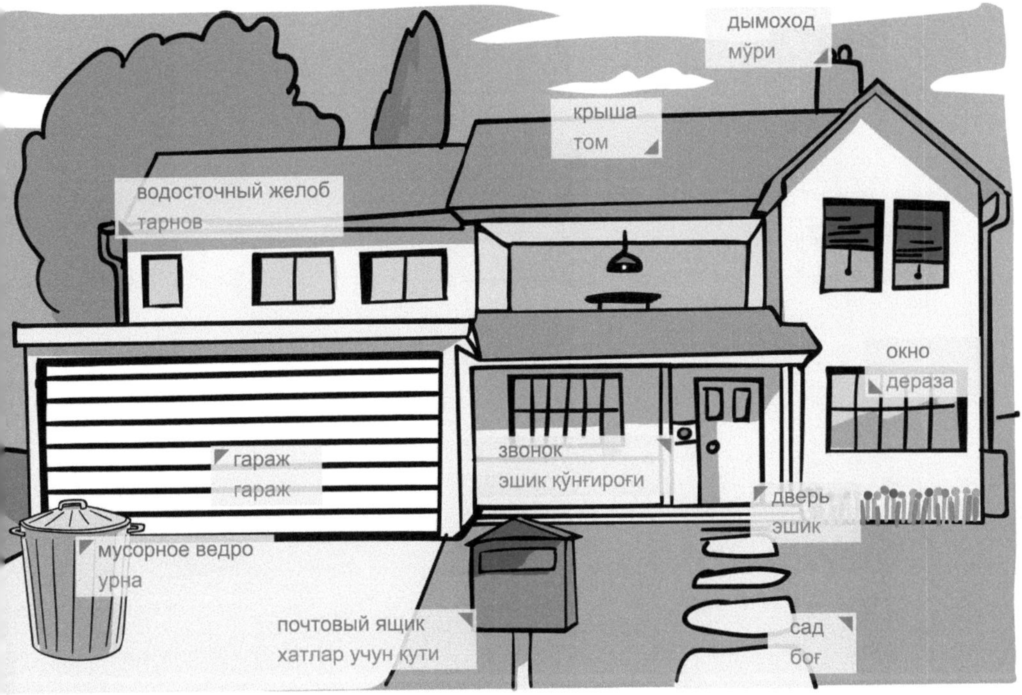

гостиная

меҳмонхона

ванная комната

ваннахона

кухня

ошхона

спальня

ётоқхона

детская комната

болалар хонаси

столовая

ошхона

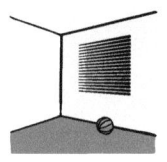

пол

пол

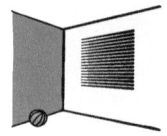

стена

девор

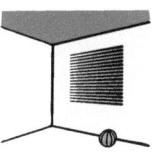

потолок

шип

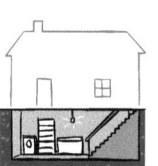

подвал

подвал

сауна

сауна

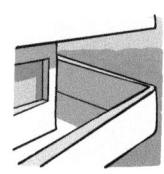

балкон

болохона айвони

терраса

айвон

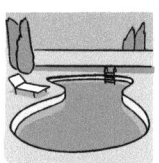

бассейн

бассейн

газонокосилка

ўт ўргич машина

пододеяльник

кўрпажилд

покрывало

чойшаб

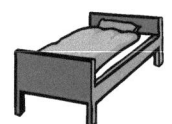

кровать

кроват

метла

супурги

ведро

пақир

выключатель

мурват

гостиная

меҳмонхона

обои
гулқоғоз
рисунок
сурат
лампа
чироқ
полка
токча
шкаф
жавон
телевизор
телевизор
камин
ўчоқ
цветок
гул
подушка
ёстиқ
диван
диван
ваза
гулдон
пульт дистанционного управления
масофадан бошқариш пульти

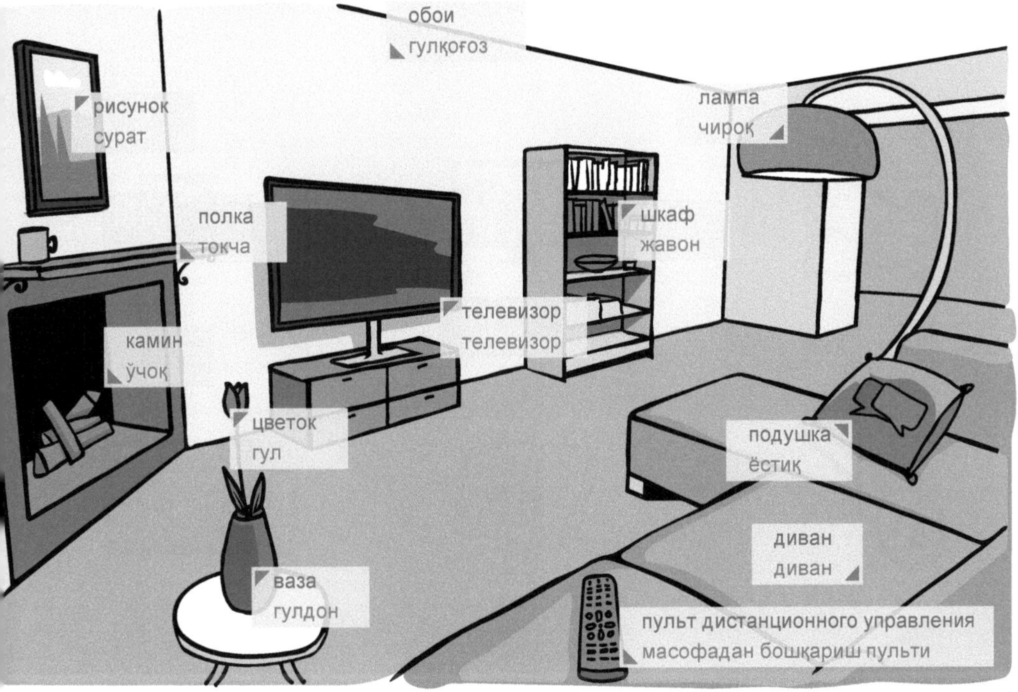

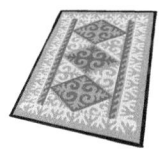

ковёр

гилам

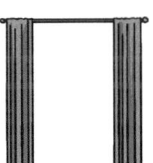

штора

парда

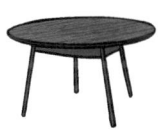

стол

стол

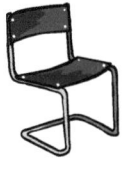

стул

стул

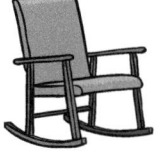

кресло-качалка

тебранма курси

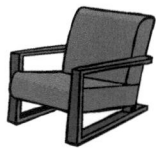

кресло

кресло

книга

китоб

покрывало

кўрпа

украшение

ҳашам

дрова

ўтин

фильм

кино

стереосистема

стерео қурилма

ключ

калит

газета

рўзнома

картина

расм

плакат

плакат

радио

радио

блокнот

ён дафтар

пылесос

чанг ютгич

кактус

кактус

свеча

шам

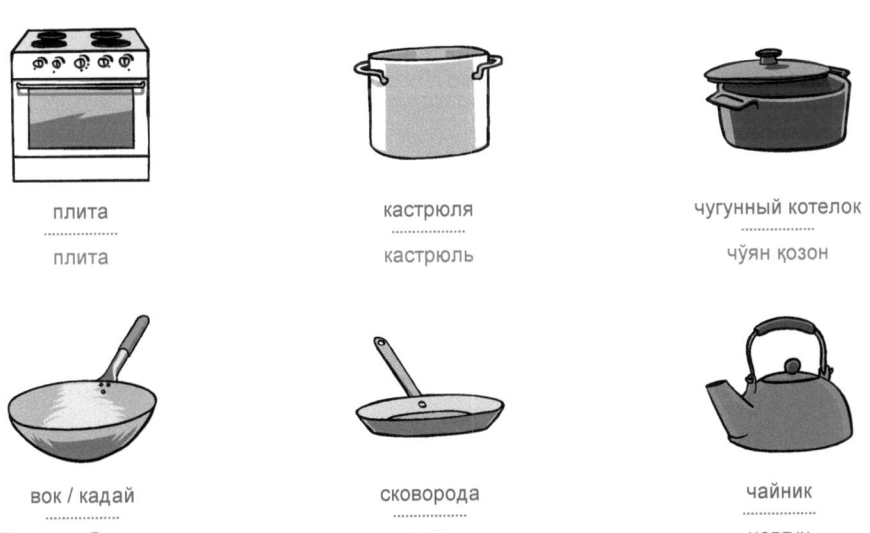

кухня
ошхона

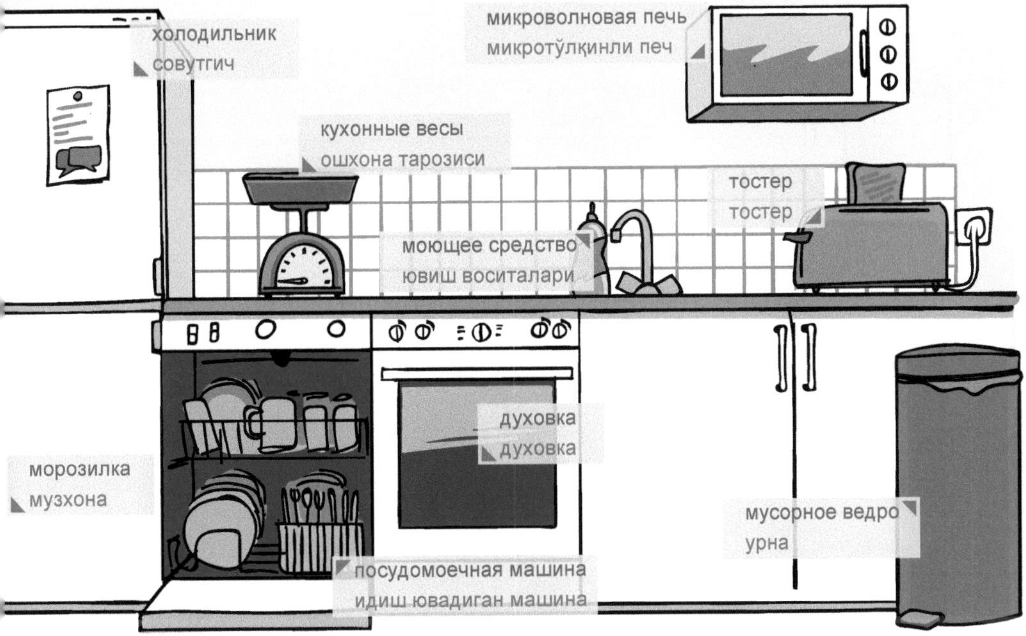
холодильник
совутгич
микроволновая печь
микротўлқинли печ
кухонные весы
ошхона тарозиси
тостер
тостер
моющее средство
ювиш воситалари
духовка
духовка
морозилка
музхона
мусорное ведро
урна
посудомоечная машина
идиш ювадиган машина

плита

плита

кастрюля

кастрюль

чугунный котелок

чўян қозон

вок / кадай

бўртма тубли това

сковорода

това

чайник

човгун

пароварка

мантиқасқон

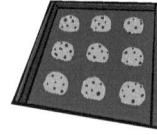

противень

тунука това

посуда

идиш

кружка

кружка

миска

коса

палочки для еды

таом ейиш таёқчалари

половник

чўмич

лопатка

куракча

сбивалка

кўпиртиргич

сито

элак

сито

элак

тёрка

қирғич

ступка

ҳовонча

гриль

гриль

костёр

олов

доска

оштахта

скалка

жува

штопор

пармасимон тиқин очгич

жестяная банка

консерва

консервный нож

консерва очгич

прихватка

тутгич

раковина

унитаз

щетка

идиш чўтка

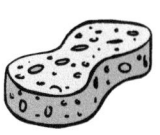

губка

қозонсочиқ

миксер

қориштиргич

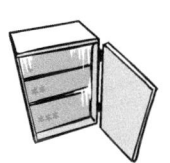

морозильная камера

музлатгич

бутылочка для кормления

сўрғичли чақалоқ
бутилкаси

кран

кран

ванная комната

ваннахона

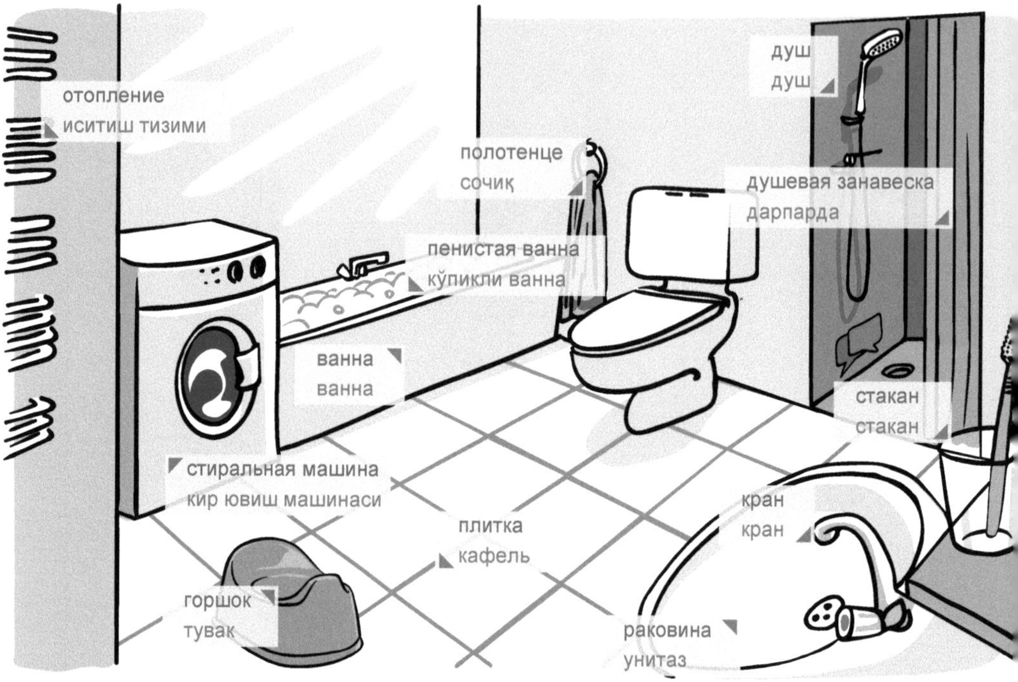
отопление
иситиш тизими
полотенце
сочиқ
душ
душ
душевая занавеска
дарпарда
пенистая ванна
кўпикли ванна
ванна
ванна
стакан
стакан
стиральная машина
кир ювиш машинаси
кран
кран
плитка
кафель
горшок
тувак
раковина
унитаз

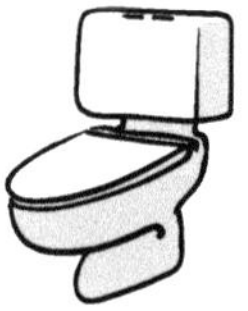

туалет

ҳожатхона

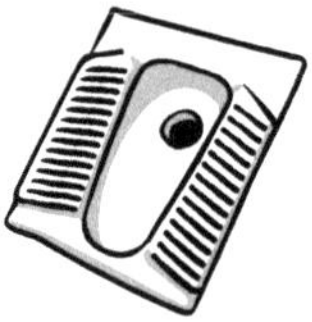

напольный унитаз

полга ўрнатиладиган унитаз

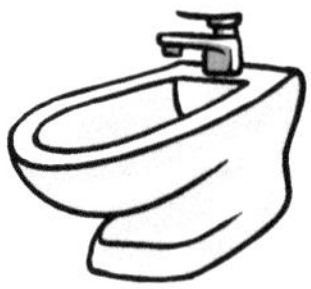

биде

таҳоратдон

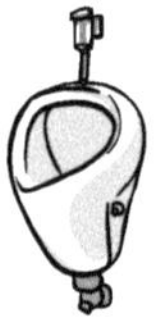

писсуар

сийдик унитази

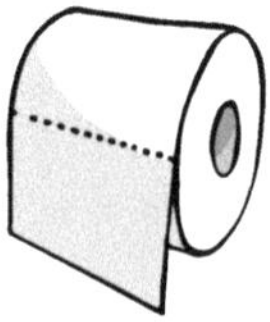

туалетная бумага

ҳожатхона қоғози

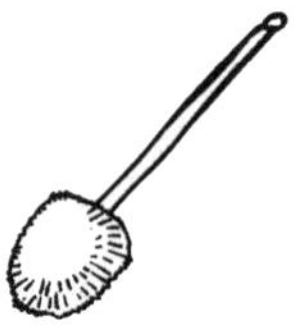

ершик

ҳожатхона чўткаси

зубная щетка

тиш чўтка

зубная паста

тиш пастаси

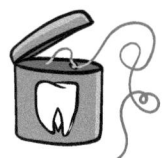

зубная нить

тиш тозалагич ип

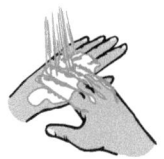

мыть

ювмоқ

ручной душ

дастакли душ

интимный душ

таҳорат учун душ

таз

тоғора

щетка для спины

елка қашлайдиган чўтка

мыло

совун

гель для душа

душ учун гель

шампунь

шампунь

мочалка

мочалка

сток

қувур

крем

крем

дезодорант

дезодарант

зеркало

кўзгу

ручное зеркало

қўл кўзгуси

бритва

устара

пена для бритья

устара учун кўпик

лосьон после бритья

салқинлантирувчи
бальзам

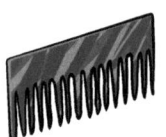

расческа

тароқ

щетка

чўтка

фен

фен

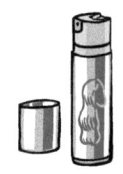

лак для волос

соч учун лак

косметика

пардоз-андоз

губная помада

лаб учун помада

лак для ногтей

тирноқ лаки

вата

пахта

маникюрные ножницы

тирноқ қайчиси

духи

духи

косметичка

пардоз-андоз халтаси

табуретка

курси

весы

тарози

халат

чўмилиш халати

резиновые перчатки

резина қўлқоп

тампон

тампон

гигиеническая прокладка

гигиеник таглик

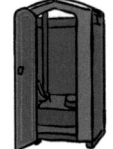

биотуалет

биоҳожатхона

детская комната

болалар хонаси

будильник
бонг соат
мягкая игрушка
юмшоқ ўйинчоқ
игрушечный автомобиль
ўйинчоқ машина
погремушка
шақилдоқ
кукольный домик
қўғирчоқ уй
подарок
совға

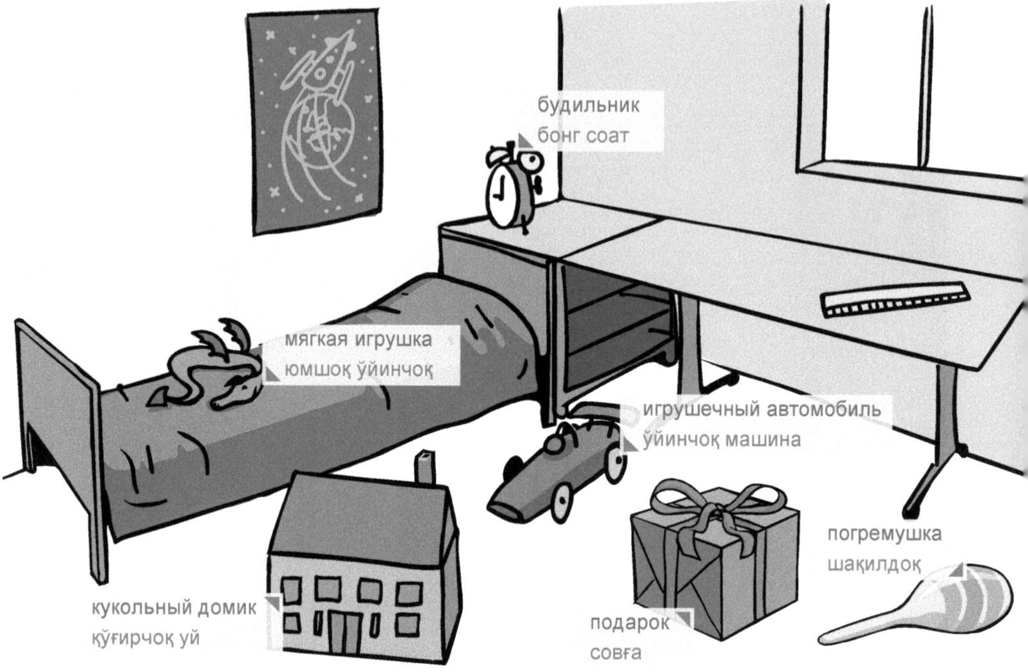

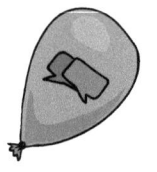

воздушный шар

шар

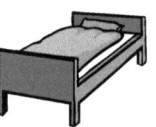

кровать

кроват

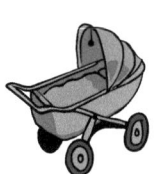

детская коляска

болалар аравачаси

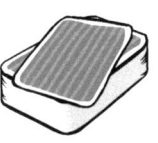

карточная игра

карта тўплами

пазл

терма тасвир

SUPER
MEGA

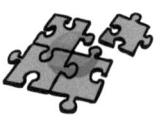

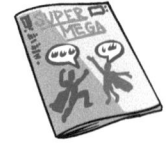

комикс

кулгили саҳна асари

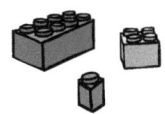

кирпичики Лего

лего ғиштлари

кубики

ўйинчоқ кубиклар

ползунки

ползунка

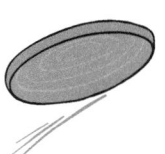

фрисби

учар ликопча

мобиле

осма шақилдоқ

настольная игра

стол ўйини

кубик

ошиқ

модель железной дороги

поезд макети

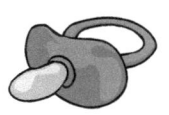

соска

сўрғич

вечеринка

ўтириш

книга с картинками

расмли китоб

мяч

копток

кукла

қўғирчоқ

играть

ўйнамоқ

песочница

қумдон

качели

арғимчоқ

игрушка

ўйинчоқлар

игровая приставка

ўйин приставкаси

трёхколесный велосипед

уч ғилдиракли велосипед

плюшевый медвежонок

бахмал айиқ

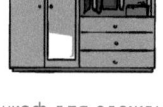

шкаф для одежды

кийим шкафи

одежда

кийим

носки

пайпоқ

чулки

чулки

колготки

колготка

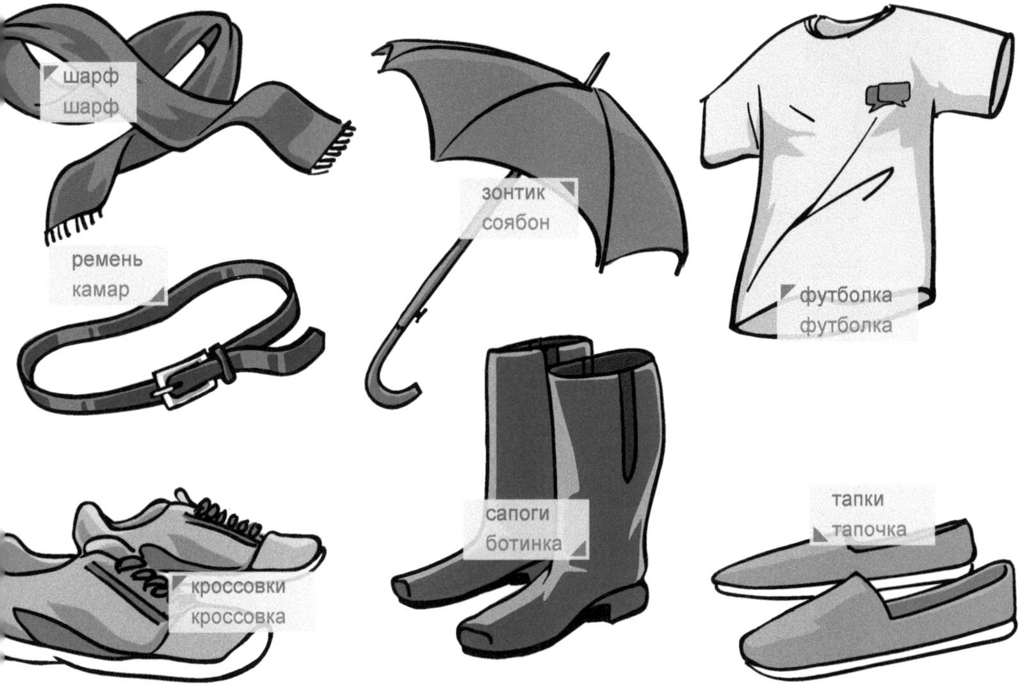

шарф
шарф

ремень
камар

зонтик
соябон

футболка
футболка

кроссовки
кроссовка

сапоги
ботинка

тапки
тапочка

сандалии	ботинки	резиновые сапоги
шиппак	туфли	резина этик

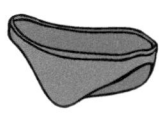

трусы

тор турсик

бюстгальтер

кўкракпеч

майка

майка

одежда - кийим

45

боди	брюки	джинсы
боди	иштон	жинси

юбка	блузка	рубашка
юбка	кофта	кўйлак

свитер	свитер	спортивная куртка
жемпер	узун чакмон	спорт бичимидаги пиджак

жакет	пальто	плащ
куртка	пальто	плаш

костюм	платье	свадебное платье
либос	кўйлак	келин кўйлак

мужской костюм

костюм шим

ночная сорочка

тунги кўйлак

пижама

пижама

сари

сари

платок

шолрўмол

тюрбан

салла

паранджа

паранжи

кафтан

чакмон

абайя

абая

купальник

чўмилиш костюми

плавки

турсик

шорты

шортик

спортивный костюм

спорт костюми

фартук

фартук

перчатки

қўлқоп

пуговица

тугма

очки

кӯзойнак

браслет

билагузук

цепочка

мунчоқ

кольцо

узук

серьга

сирға

шапка

кепка

вешалка

пальто илгак

шляпа

шляпа

галстук

бӯйинбоғ

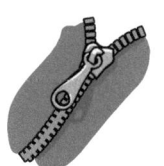

застежка молния

замок

шлем

дубулға

подтяжки

шим тортгич

школьная форма

мактаб формаси

форма

форма

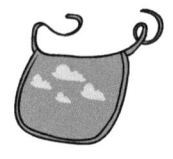

детский нагрудник

ошхўрак

соска

сўрғич

подгузник

таглик

офис

идора

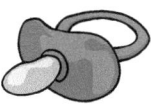

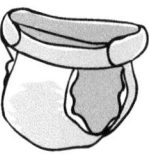

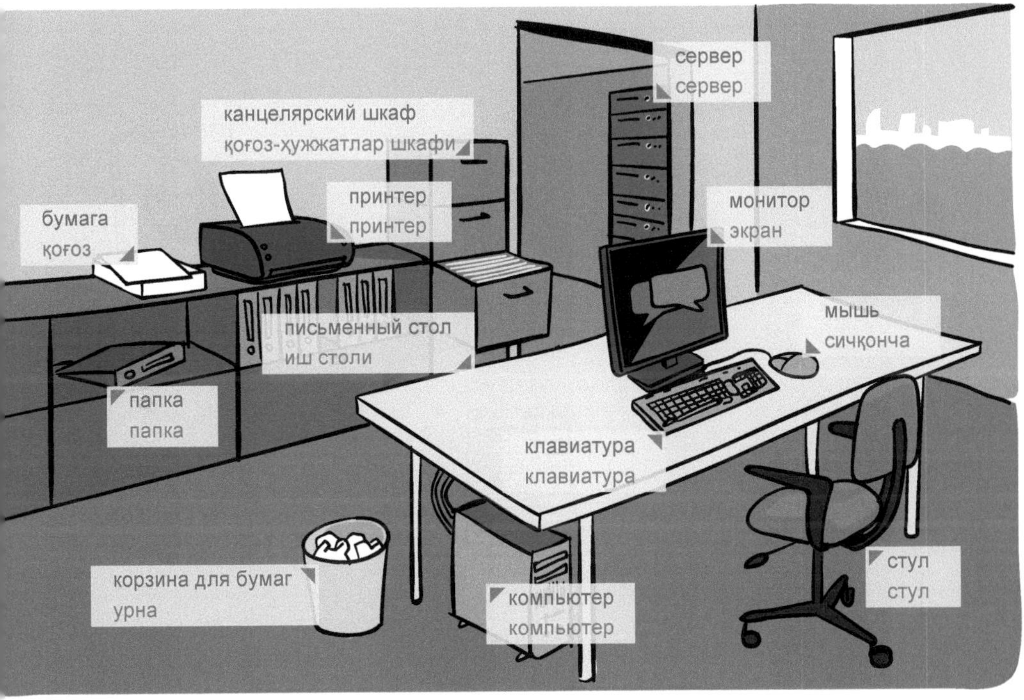
сервер
сервер
канцелярский шкаф
қоғоз-ҳужжатлар шкафи
бумага
қоғоз
принтер
принтер
монитор
экран
письменный стол
иш столи
мышь
сичқонча
папка
папка
клавиатура
клавиатура
корзина для бумаг
урна
компьютер
компьютер
стул
стул

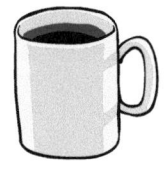

кофейная кружка

кофе кружкаси

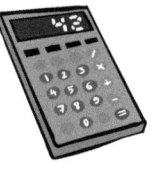

калькулятор

калькулятор

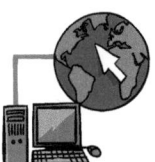

интернет

интернет

ноутбук

ноутбук

письмо

хат

сообщение

мактуб

мобильный телефон

уяли телефон

сеть

тармоқ

ксерокс

нусха кўчиргич

программа

дастур

телефон

телефон

розетка

розетка

факс

факс

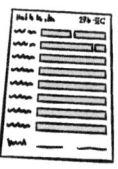

формуляр

шакллар

документ

ҳужжат

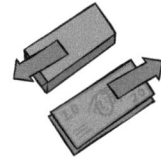

покупать

харид қилмоқ

платить

тўламоқ

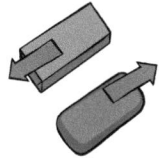

торговать

савдолашмоқ

деньги

пул

USD

доллар

доллар

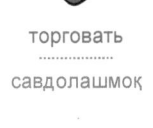

EUR

евро

евро

JPY

иена

йен

RUB

рубль

рубль

CHF

франк

швейцар франки

CNY

жэньминьби юань

Кэньминьби хитой юани

INR

рупия

рупи

банкомат

банкомат

пункт обмена валюты

пул айирбошлаш шаҳобчаси

золото

олтин

серебро

кумуш

нефть

нефт

энергия

энергия

цена

нарх

договор

шартнома

налог

солиқ

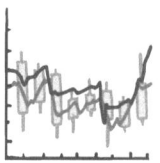

акция

акция

работать

ишламоқ

служащий

ишчи

работодатель

иш берувчи

фабрика

завод

магазин

дўкон

профессии
касблар

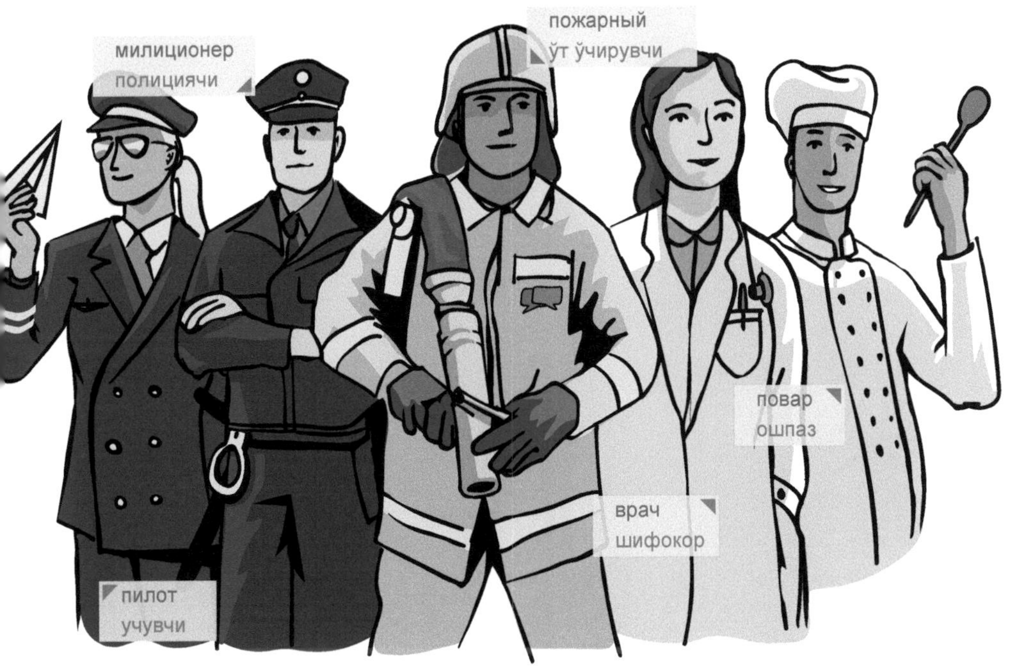

милиционер
полициячи
пожарный
ўт ўчирувчи
повар
ошпаз
врач
шифокор
пилот
учувчи

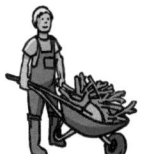

садовник

боғбон

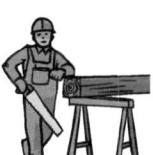

столяр

дурадгор

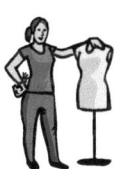

швея

тикувчи

судья

ҳакам

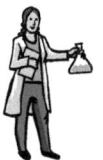

химик

кимёгар

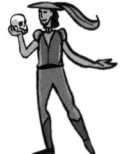

актёр

актёр

водитель автобуса

автобус ҳайдовчиси

таксист

такси ҳайдовчи

рыбак

балиқчи

уборщица

фаррош

кровельщик

том устаси

официант

официант

охотник

овчи

художник

бўёкчи

пекарь

нонвой

электрик

электр устаси

строитель

қурувчи

инженер

муҳандис

мясник

қассоб

сантехник

сувчи чилангар

почтальон

почтачи

профессии - касблар

солдат

аскар

архитектор

меъмор

кассир

ғазначи

флорист

гулчи

парикмахер

сартарош

кондуктор

чиптачи

механик

механик

капитан

капитан

зубной врач

тиш шифокори

ученый

олим

раввин

яхудийлар руҳонийси

имам

имом

монах

роҳиб

священник

руҳоний

инструменты
асбоблар

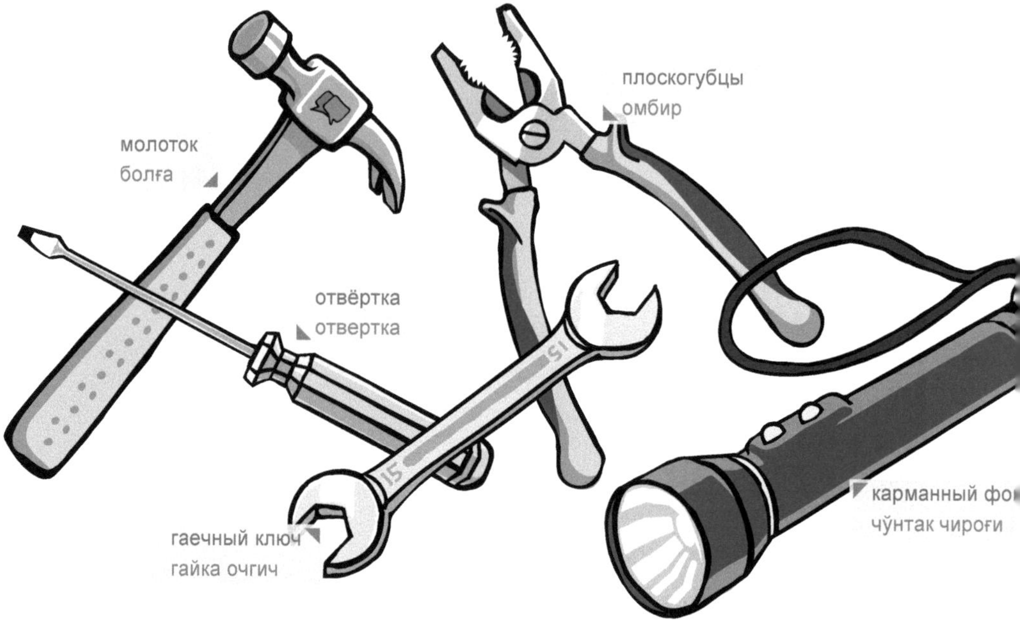

молоток
болға
плоскогубцы
омбир
отвёртка
отвертка
гаечный ключ
гайка очгич
карманный фо
чўнтак чироғи

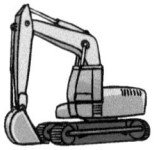

экскаватор

экскаватор

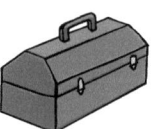

ящик для инструментов

асбоблар қутиси

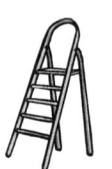

стремянка

нарвон

пила

қўларра

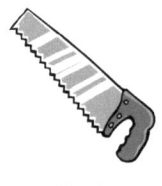

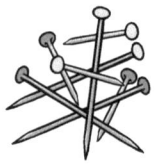

гвозди

мих

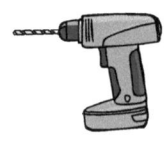

дрель

пармадаста

ремонтировать

тузатмоқ

лопата

белкурак

Блин!

Жин урсин!

совок

хокандоз

ведро с краской

бўёқ идиш

винты

бурама мих

музыкальные инструменты

мусиқа асбоблари

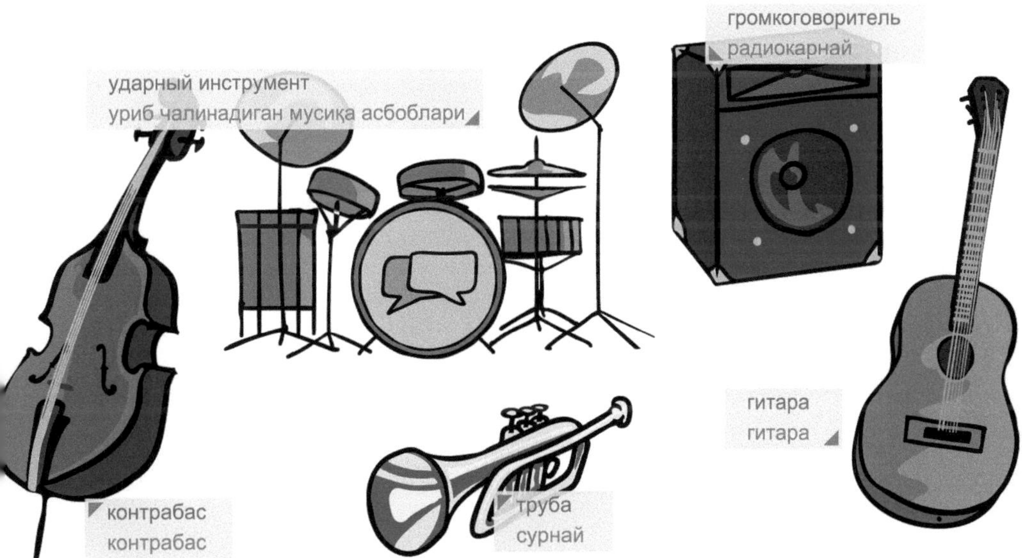

ударный инструмент
уриб чалинадиган мусиқа асбоблари

громкоговоритель
радиокарнай

гитара
гитара

контрабас
контрабас

труба
сурнай

пианино

пианино

скрипка

ғижжак

бас-гитара

бас-гитара

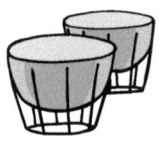

литавры

қўшноғора

барабан

дўмбира

синтезатор

клавиатура

саксофон

саксофон

флейта

най

микрофон

микрофон

зоопарк

ҳайвонот боғи

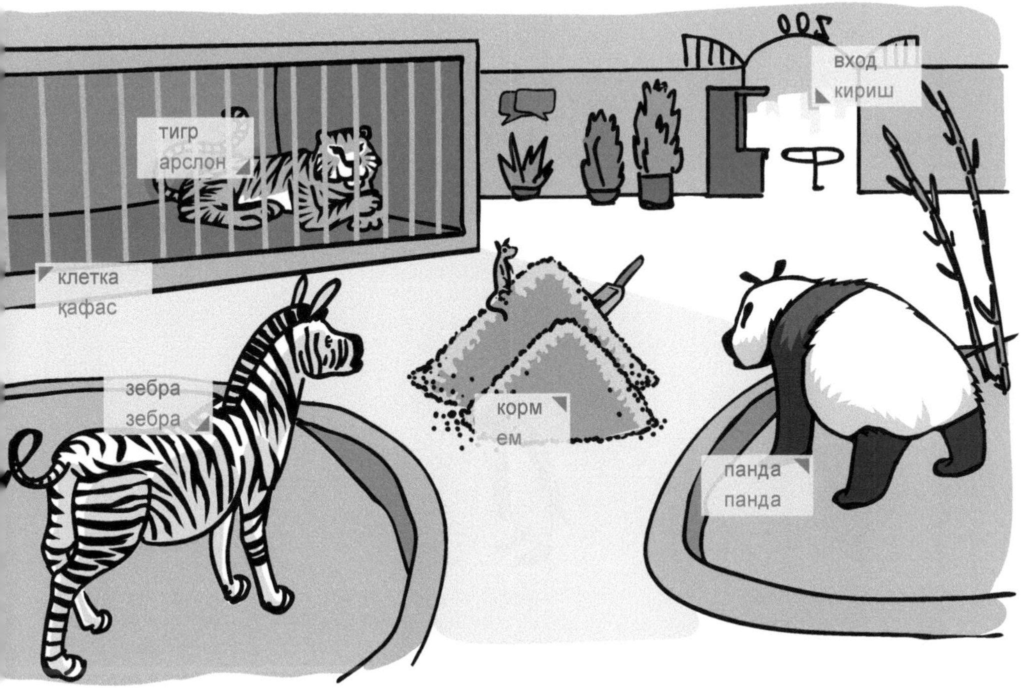

вход
кириш
тигр
арслон
клетка
қафас
зебра
зебра
корм
ем
панда
панда

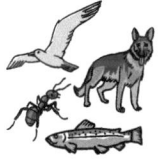

животные

ҳайвонлар

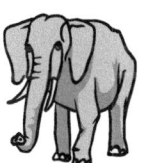

слон

фил

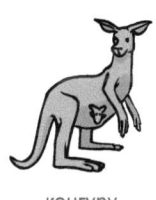

кенгуру

кенгуру

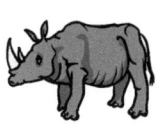

носорог

каркидон

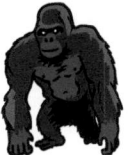

горилла

горилла

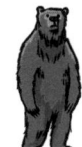

медведь

айиқ

верблюд

туя

страус

туяқуш

лев

шер

обезьяна

маймун

фламинго

фламинго

попугай

тўти

белый медведь

оқ айиқ

пингвин

пингвин

акула

акула

павлин

товус

змея

илон

крокодил

тимсоҳ

служитель зоопарка

ҳайвонот боғи қоровули

тюлень

тюлень

ягуар

ягуар

пони
тўпичоқ от

леопард
қоплон

бегемот
бегемот

жираф
жирафа

орёл
бургут

кабан
эркак чўчқа

рыба
балиқ

черепаха
тошбақа

морж
морж

лиса
тулки

газель
оҳу

американский футбол
америка футболи

езда на велосипеде
велосипед ҳайдаш

теннис
теннис

баскетбол
баскетбол

плавание
сузиш

бокс
бокс

хоккей
муз хоккейи

футбол
футбол

бадминтон
бадминтон

лёгкая атлетика
енгил атлетика

гандбол
кўлтўпи

лыжный спорт
чанғи учиш

поло
поло

действия
машғулот

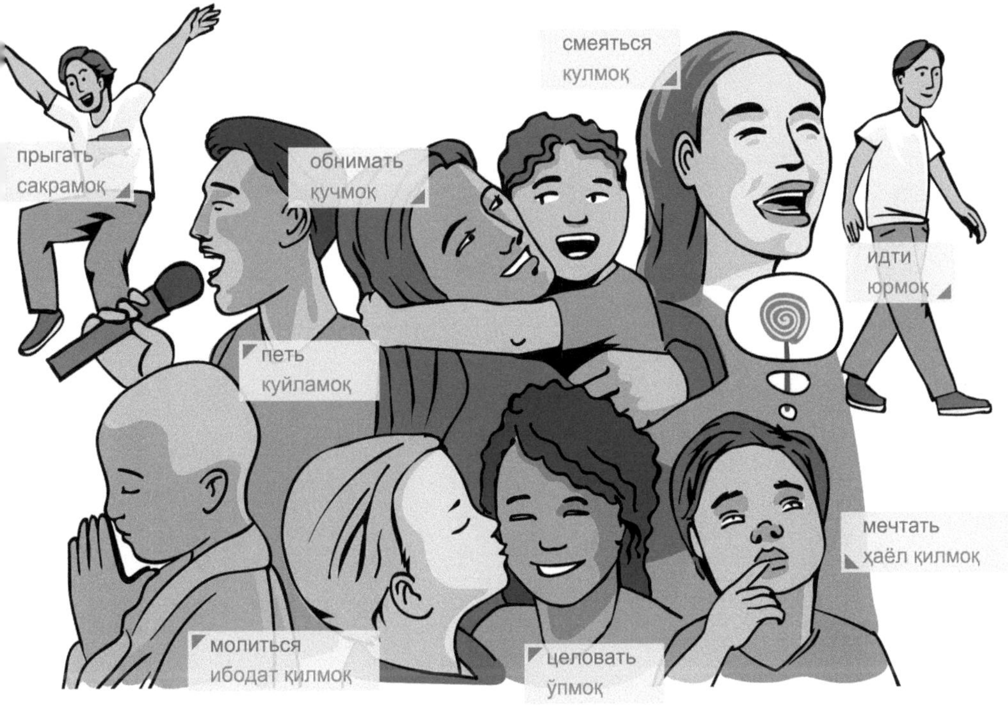
смеяться
кулмоқ
прыгать
сакрамоқ
обнимать
қучмоқ
идти
юрмоқ
петь
куйламоқ
мечтать
ҳаёл қилмоқ
молиться
ибодат қилмоқ
целовать
ўпмоқ

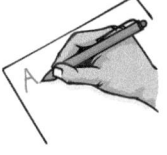

писать
ёзмоқ

рисовать
чизмоқ

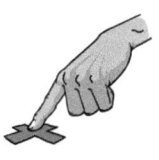

показывать
кўрсатмоқ

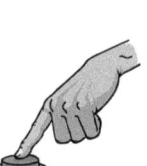

нажимать
итармоқ

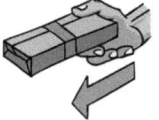

давать
бермоқ

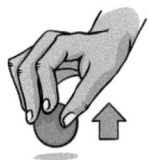

брать
олмоқ

иметь

эга бўлмоқ

делать

бажармоқ

быть

бўлмоқ

стоять

турмоқ

бежать

югурмоқ

тянуть

тортмоқ

бросать

улоқтирмоқ

падать

йиқилмоқ

лежать

алдамоқ

ждать

кутмоқ

носить

ташимоқ

сидеть

ўтирмоқ

надевать

кийинмоқ

спать

ухламоқ

просыпаться

уйғонмоқ

рассматривать

қарамоқ

плакать

йиғламоқ

гладить

зарба бермоқ

причесывать

тарамоқ

говорить

гаплашмоқ

понимать

тушунмоқ

спрашивать

сўрамоқ

слушать

тингламоқ

пить

ичмоқ

кушать

емоқ

наводить порядок

йиғиштирмоқ

любить

севмоқ

готовить

пиширмоқ

ехать

ҳайдамоқ

летать

учмоқ

ходить под парусом

кемада сузмоқ

считать

ҳисобламоқ

читать

ўқимоқ

учиться

ўрганмоқ

работать

ишламоқ

вступать в брак

турмуш қурмоқ

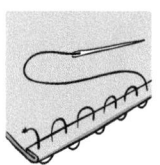

шить

тикмоқ

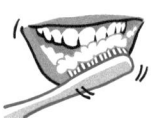

чистить зубы

тиш ювмоқ

убивать

ўлдирмоқ

курить

чекмоқ

отправлять

йўлламоқ

семья
оила

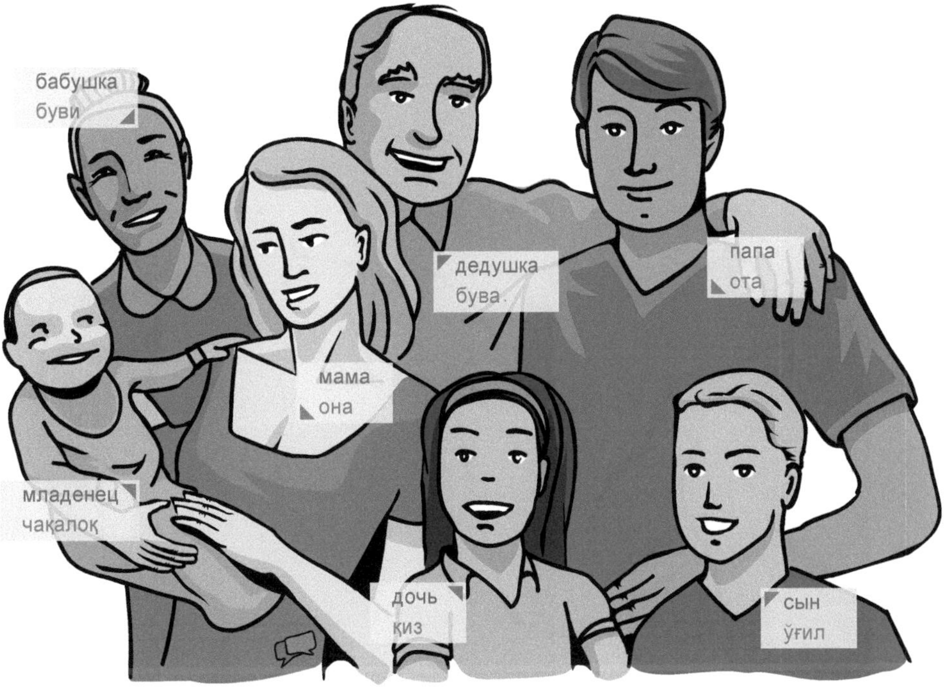
бабушка
буви
дедушка
бува
папа
ота
мама
она
младенец
чақалоқ
дочь
қиз
сын
ўғил

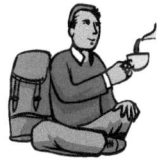

гость
меҳмон

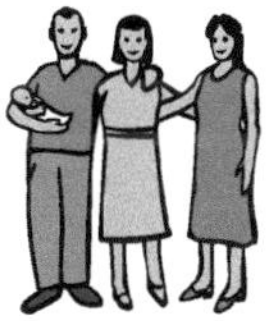

тетя
амма

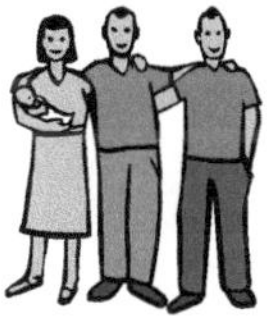

дядя
тоға

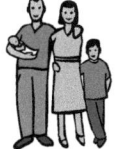

брат
ака

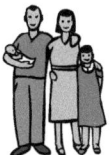

сестра
опа

лоб
пешона

глаз
кӯз

плечо
елка

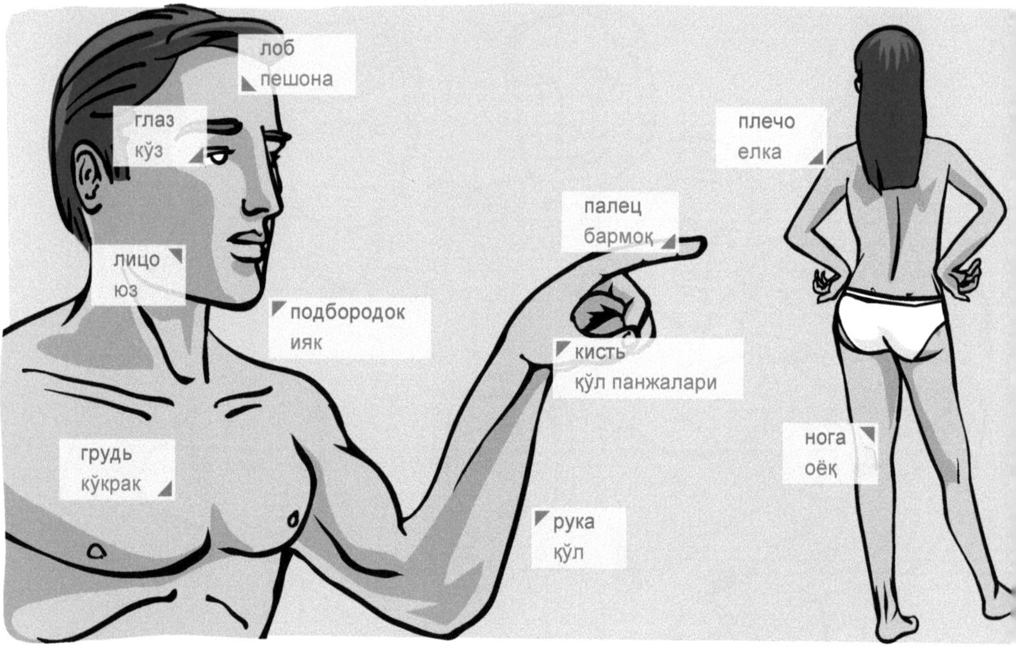

лицо
юз

палец
бармоқ

подбородок
ияк

кисть
қӯл панжалари

грудь
кӯкрак

нога
оёқ

рука
қӯл

млaденец
чақалоқ

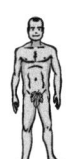

мужчина
одам

женщина
аёл

девочка
қиз бола

мальчик
ӯғил бола

голова
бош

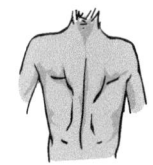

спина

орқа

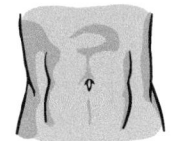

живот

қорин

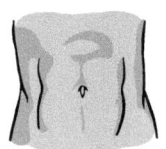

пупок

киндик

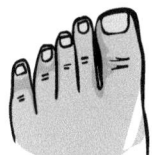

палец ноги

оёқ панжаси

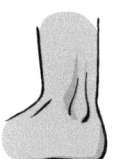

пятка

товон

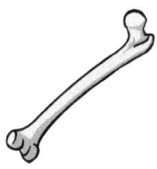

кость

суяк

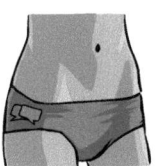

бедро

бел

колено

тизза

локоть

тирсак

нос

бурун

ягодицы

думба

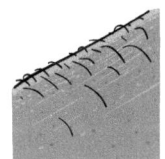

кожа

тери

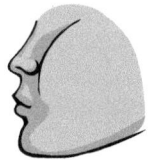

щека

яноқ

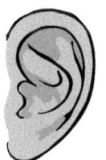

ухо

қулоқ

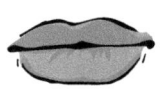

губа

лаб

рот

оғиз

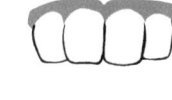

зуб

тиш

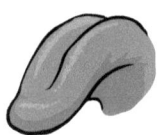

язык

тил

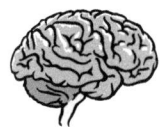

мозг

мия

сердце

юрак

мышца

мушак

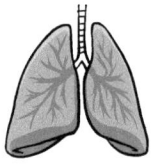

лёгкое

ўпка

печень

жигар

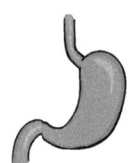

желудок

ошқозон

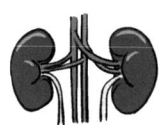

почки

буйрак

половой акт

жинсий алоқа

презерватив

презерватив

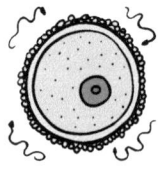

яйцеклетка

тухум ҳўжайра

сперма

уруғ

беременность

ҳомиладорлик

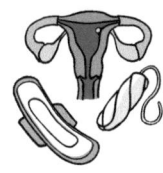

менструация
ҳайз

вагина
бачадон

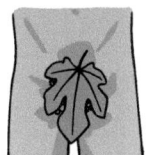

пенис
олат

бровь
қош

волосы
соч

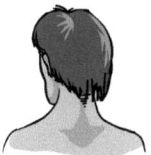

шея
бўйин

больница

шифохона

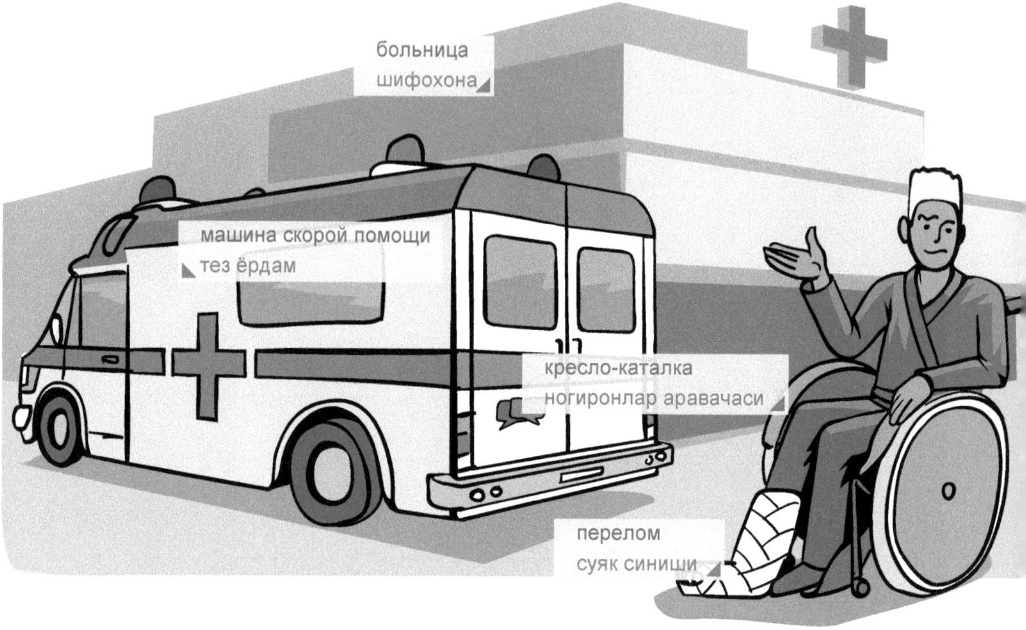

больница
шифохона
машина скорой помощи
тез ёрдам
кресло-каталка
ногиронлар аравачаси
перелом
суяк синиши

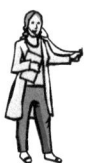

врач

шифокор

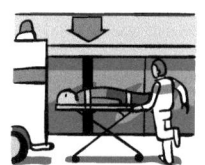

пункт первой помощи

Шошилинч тиббий ёрдам кўрсатиш бўлими

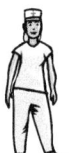

медсестра

ҳамшира

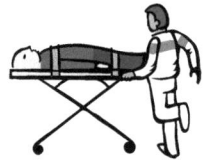

неотложный случай

тез ёрдам

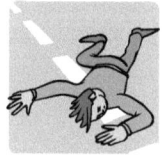

без сознания

ҳушсизлик

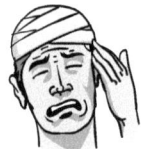

боль

оғриқ

повреждение

жароҳат

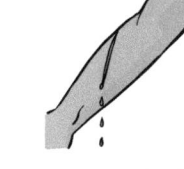

кровотечение

қонаш

инфаркт

юрак хуружи

инсульт

инсульт

аллергия

аллергия

кашель

йўтал

овышенная температура

иситма

грипп

тумов

понос

ич кетиш

головная боль

бош оғриғи

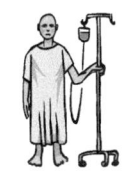

рак

саратон касали

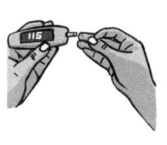

диабет

қандли диабет

хирург

жарроҳ

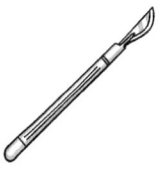

скальпель

жарроҳ пичоғи

операция

жарроҳлик амалиёти

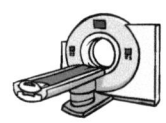

КТ

томография

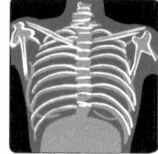

рентген

рентген

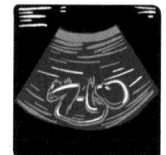

ультразвук

ултратовуш текшируви

маска

юз ниқоби

болезнь

касаллик

приёмная

қабулхона

костыль

қўлтиқтаёқ

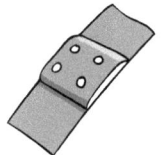

пластырь

малҳамли пластир

бинт

бинт

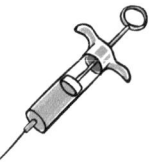

укол

укол

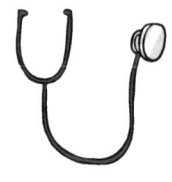

стетоскоп

юрак урушини ва ўпкани
эшитиб кўрадиган асбоб

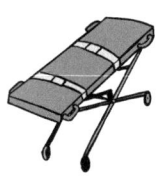

носилки

беморлар учун замбил

термометр

термометр

рождение

туғруқ

избыточный вес

семизлик

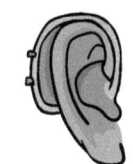

слуховой аппарат

эшитиш мосламаси

дезинфекционное средство
дезинфекцияловчи восита

инфекция

инфекция

вирус

вирус

ВИЧ / СПИД

ОИВ / ОИТС

лекарство

дори

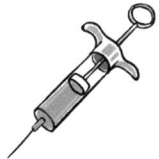

прививка

эмлаш

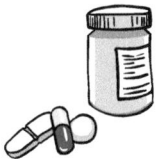

таблетки

таблетка

противозачаточная таблетка

дори

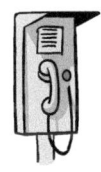

экстренный вызов

тез ёрдам қўнғироғи

прибор для измерения кровяного давления

қон босимини ўлчаш асбоби

больной / здоровый

касал / соғлом

Помогите!

Ёрдам беринглар!

сигнал тревоги

хавф-хатар ишораси

нападение

тажовуз

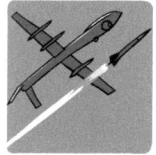

атака

ҳужум

опасность

хавф

запасной выход

фавқулодда ҳолатларда
чиқиш эшиги

Пожар!

Ёнғин!

огнетушитель

ўт ўчиргич

несчастный случай

фалокат

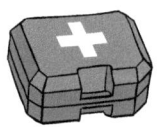

аптечка

биринчи тиббий ёрдам
тўплами

SOS

фалокат сигнали

милиция

полиция

Европа

Европа

Северная Америка

Шимолий Америка

Южная Америка

Жанубий Америка

Африка

Африка

Азия

Осиё

Австралия

Австралия

Атлантический океан

Атлантик океани

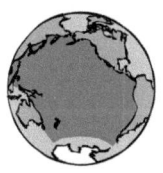

Тихий океан

Тинч океани

Индийский океан

Ҳинд океани

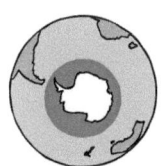

Антарктический океан

Антарктида океани

Северный Ледовитый океан

Арктика океани

Северный полюс

Шимолий кутб

Южный полюс

Жанубий қутб

Антарктика

Антарктика

земля

Ер

суша

ўлка

море

денгиз

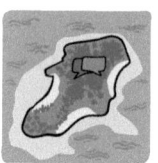

остров

орол

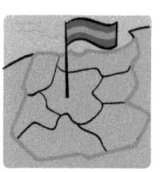

нация

миллат

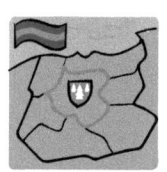

государство

давлат

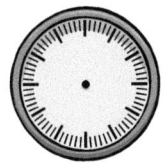

циферблат

астрономик вақт
кўрсатгичи

часовая стрелка

соат мили

минутная стрелка

дақиқа мили

секундная стрелка

сония мили

Который час?

Соат неча?

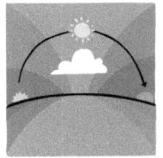

день

кун

время

вақт

сейчас

ҳозир

электронные часы

рақамли соат

минута

дақиқа

час

соат

понедельник
Душанба

среда
Чоршанба

пятница
Жума

MO

W

FR

TU

TH

SA

SO

суббота
Шанба

вторник
Сешанба

четверг
Пайшанба

воскресенье
Якшанба

вчера
....
кеча

сегодня
....
бугун

завтра
....
эртага

утро
....
эрталаб

полдень
....
пешин

вечер
....
кечкурун

рабочие дни
....
иш кунлари

выходные
....
дам олиш кунлари

год
йил

дождь
ёмғир
радуга
камалак
снег
қор
ветер
шамол генератори
весна
баҳор
осень
куз
лето
ёз
зима
қиш

4.APRIL 11°
5.APRIL 4°
6.APRIL 13°
7.APRIL 8°
8.APRIL 10°

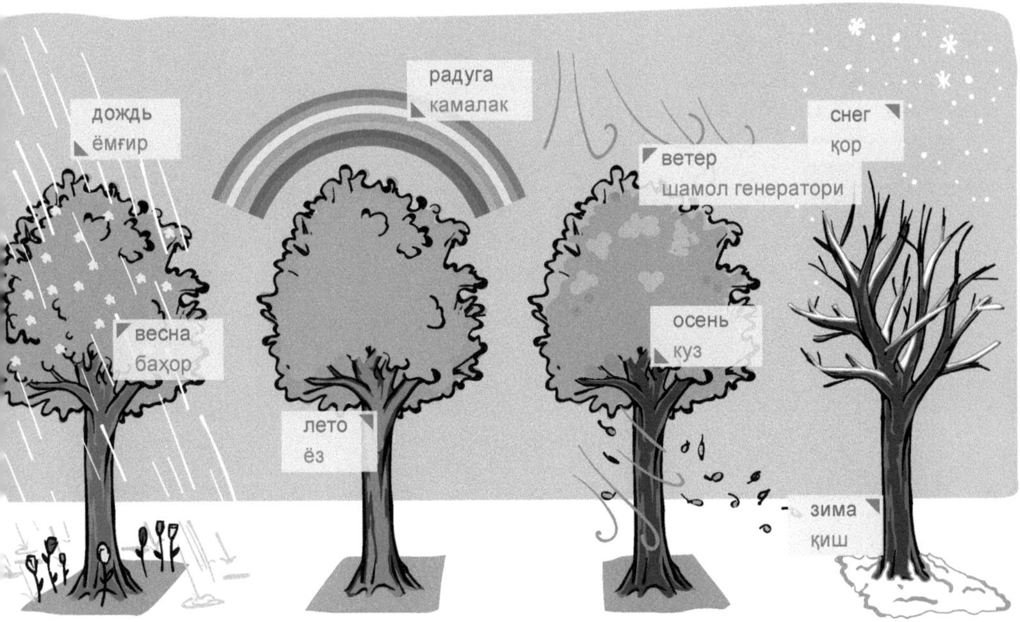

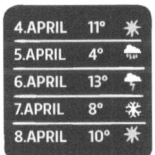

прогноз погоды

об-ҳаво маълумоти

F C
120 40
90 30
60 20
30 10
0 0
-30 -10
-20

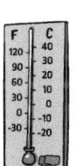

термометр

термометр

солнечный свет

қуёшли

туча

булут

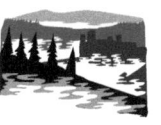

туман

туман

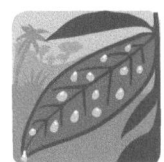

влажность воздуха

намгарчилик

молния

чақмоқ

гром

момоқалдироқ

буря

бўрон

град

дўл

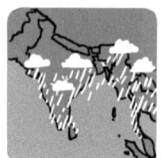

муссон

намгарчилик мавсуми

наводнение

тошқин

лёд

муз

январь

Январь

февраль

Февраль

март

Март

апрель

Апрель

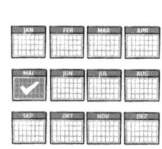

май

Май

июнь

Июнь

июль

Июль

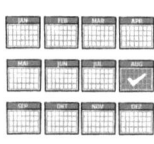

август

Август

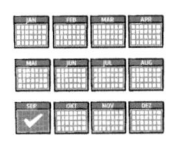

сентябрь

Сентябрь

октябрь

Октябрь

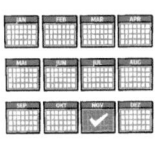

ноябрь

Ноябрь

декабрь

Декабрь

формы
шакллар

круг

айлана

квадрат

квадрат

прямоугольник

тўртбурчак

треугольник

учбурчак

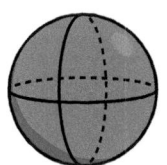

шар

доира

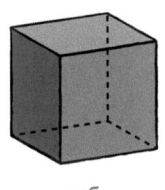

куб

куб

белый

оқ

желтый

сариқ

оранжевый

сабзи ранг

розовый

пушти

красный

қизил

лиловый

тўқ қизил

синий

кўк

зелёный

яшил

коричневый

жигар ранг

серый

кул ранг

черный

қора

много / мало

кўп / оз

яростный / мирный

ғазабли / хотиржам

красивый / уродливый

гўзал / хунук

начало / конец

боши / охири

большой / маленький

катта / кичик

светлый / темный

ёруғ / қоронғу

брат / сестра

ака / сингил

чистый / грязный

тоза / ифлос

полный / неполный

тўлиқ / чала

день / ночь

кун / тун

мёртвый / живой

ўлик / тирик

широкий / узкий

кенг / тор

съедобный / несъедобный

еса бўладиган / еса бўлмайдиган

злой / дружелюбный

ёвуз / хайрли

взволнованный / скучающий

ҳаяжонли / зерикарли

толстый / худой

семиз / озғин

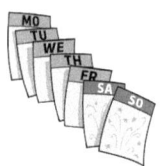

сначала / в конце

биринчи / охирги

друг / враг

дўст / душман

полный / пустой

тўла / бўш

твёрдый / мягкий

қаттиқ / юмшоқ

тяжёлый / легкий

оғир / енгил

голод / жажда

очлик / чанқов

больной / здоровый

касал / соғлом

незаконный / законный

ноқонуний / қонуний

умный / глупый

зиёли / калтафаҳм

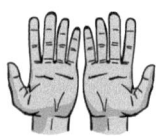

слева / справа

чап / ўнг

близко / далеко

яқин / узоқ

новый / подержанный

янги / ишлатилган

ничто / нечто

ҳеч нарса / бир нарса

старый / молодой

қари / ёш

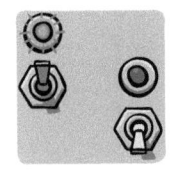

включено / выключено

ёниқ / ўчиқ

открыто / закрыто

очиқ / ёпиқ

тихо / громко

паст / баланд

богатый / бедный

бой / камбағал

правильный / неправильный

тўғри / нотўғри

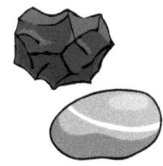

шероховатый / гладкий

нотекис / текис

печальный / счастливый

хафа / хурсанд

короткий / длинный

қисқа / узун

медленный / быстрый

секин / тез

мокрый / сухой

нам / қуруқ

тёплый / прохладный

илиқ / салқин

война / мир

уруш / тинчлик

0

ноль

ноль

1

один

бир

2

два

икки

3

три

уч

4

четыре

тўрт

5

пять

беш

6

шесть

олти

7

семь

етти

8

восемь

саккиз

9

девять

тўққиз

10

десять

ўн

11

одиннадцать

ўн бир

12

двенадцать

ўн икки

13

тринадцать

ўн уч

14

четырнадцать

ўн тўрт

15

пятнадцать

ўн беш

16

шестнадцать

ўн олти

17

семнадцать

ўн етти

18

восемнадцать

ўн саккиз

19

девятнадцать

ўн тўққиз

20

двадцать

йигирма

100

сто

юз

1.000

тысяча

минг

1.000.000

миллион

миллион

цифры - рақамлар

английский

Инглиз

американский английский

Америкача инглиз тили

мандаринский китайский

Хитой тилининг Мандарин лаҳчаси

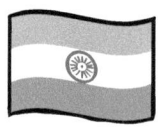

хинди

Ҳинд

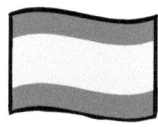

испанский

Испан

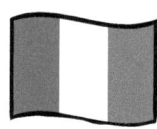

французский

Француз

арабский

Араб

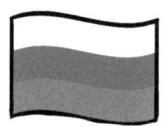

русский

Рус

португальский

Португал

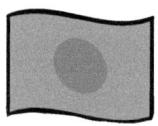

бенгальский

Бенгал

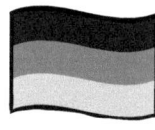

немецкий

Немис

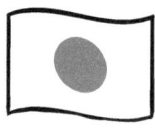

японский

Япон

я
....
Мен

ты
....
Сен

он / она / оно
....
у / у / у

мы
....
биз

вы
....
сизлар

они
....
улар

кто?
....
ким?

что?
....
нима?

как?
....
қандай?

где?
....
қаерда?

когда?
....
қачон?

имя
....
исм

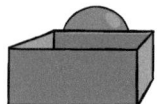

за

орқада

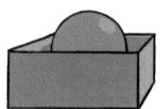

в

ичида

перед

олдида

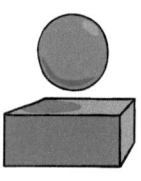

над

узра

на

устида

под

тагида

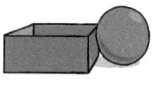

рядом

ёнида

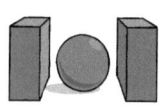

между

ўртасида

место

жой